Zur Erinnerung für

Impressum

Sindy Sichting
Neundorfer Straße 41
08523 Plauen
sindysichting@yahoo.de

Printed in Poland
by Amazon Fulfillment
Poland Sp. z o.o., Wrocław

28948685R00038